Le plus étrange des secrets

par Earl Nightingale

Je ne peux conserver davantage mon secret et je me dois de vous le révéler, car mon secret est le secret le plus étrange au monde. Il n'y a pas si longtemps, lors d'une interview donnée à Londres, un journaliste a posé cette question à Albert Schweitzer, éminent docteur et prix Nobel : «Docteur, quel est le principal mal des hommes d'aujourd'hui?» Cet éminent docteur resta un moment silencieux, analysant le plus finement possible le problème et répondit : «L'être humain ne pense pas.» Voici très brièvement, mais très explicitement, le propos dont je veux vous entretenir maintenant.

par Earl Nightingale

Si nous examinons notre monde d'aujourd'hui, et sans nier les nombreux problèmes qui accablent les uns et les autres, nous pouvons sans mentir affirmer que ce monde est un véritable âge d'or. Cette prospérité, nous l'avons languie, nous l'avons rêvée et nous lui avons dévoué nos forces pendant des milliers d'années. Maintenant, nous avons tout oublié et considérons qu'elle va de soi. Nous, aux États-Unis, sommes particulièrement privilégiés : nous vivons dans le pays le plus riche qui a jamais existé sur la terre, un pays qui offre a chacun une foison d'opportunités pour atteindre les sommets de la richesse et de la gloire.

Et que voyons-nous ? un gâchis !

Prenons 100 hommes, tous âgés de 25 ans, et mettons-les sur la case de départ de la réussite sociale.

Laissons le temps passer et retrouvons nos 100 hommes à l'âge de 65 ans. Quel est le bilan ?

À 25 ans, tous avaient confiance dans leurs forces et dans leurs capacités. Ils désiraient avidement ce succès que tous espèrent. Leurs propos exprimaient ce désir et leurs yeux brillaient de cette lumière si spécifique à ceux aspirent à la vie. Leur carrière avançait résolument en avant et la vie était alors un magnifique terrain d'aventure.

Maintenant, ils ont atteint 65 ans et voici le bilan : un est riche, quatre n'ont aucun souci financier, cinq travaillent encore, cinquante-quatre ont besoin d'une assistance. Au total, seuls cinq hommes sur les cent ont réussi ! Pourquoi tous ces échecs ? Pourquoi l'enthousiasme et l'aspiration de leurs 25 ans n'ont-ils pas abouti ? Pourquoi leurs rêves, leurs espoirs et leurs plans sont-ils restés lettre morte ? Pourquoi cette si grande disproportion entre réussite et échec, entre ceux qui réalisent leurs attentes et ceux qui ne les réalisent pas ?

DÉFINITION DU SUCCÈS

Sur nos cent hommes, cinq seulement ont réussi, soit 5 %. Mais qu'est-ce que le succès pour que nous puissions dire qu'untel a réussi et qu'untel n'a pas réussi ? «Le succès est la réalisation progressive d'un idéal qui vaut la peine.» Lorsqu'un homme travaille dans un but déterminé et sait vers où il avance, sa vie est un succès. Autrement, sa vie est un échec. Le succès est la réalisation progressive d'un idéal qui vaut la peine.

Rollo May, un psychiatre réputé, a écrit un livre merveilleux «Man's Search for Himself» ou «L'homme à la recherche de lui-même». Dans ce livre, il écrit : «Dans notre société, l'opposé du courage n'est pas la poltronnerie, mais la conformité.» Conformité, voilà le drame de notre époque. L'homme n'aspire plus à être lui-même, mais à être l'autre. Il le suit sans savoir pourquoi et sans savoir où il va, réconforté dans la douce idée qu'il fait «comme tout le monde».

Les statistiques montrent que l'Amérique compte plus de 14 millions de personnes âgées de 65 ans et plus. Or, sur ces 14 millions, environ 13 millions sont des personnes financièrement assistées, car ne disposant pas des revenus suffisants pour assurer leurs besoins minimaux. L'enfant apprend à lire vers l'âge de 7 ans. Il apprend à prendre en charge sa vie, et souvent à assumer également les charges d'une famille, à 25 ans. Il arrive à 65 ans et ne sait pas être financièrement indépendant alors qu'il réside dans le pays le plus riche que la terre n'ait jamais connu.

Pourquoi ? Parce qu'il aspire avant tout à la conformité ! Au lieu de s'engager dans le chemin des 5 % qui réussissent, son aspiration à «faire comme les autres» le conduit dans le chemin des 95% qui échouent.

D'où vient cette aspiration à la conformité au point de renoncer à toute affirmation de soi ?

Généralement, ces personnes sont incapables de répondre à cette question. Elles ne savent pas vraiment. En fait, elles sont pieds et mains liées dans les hasards de la vie. Elles sont convaincues qu'elles ne peuvent pas agir sur les événements, que ceux-ci sont gouvernés par des forces extérieures totalement hors de leur contrôle. Elles ont renoncé et se laissent balloter au gré de ces soi-disant forces. Elles se laissent diriger au lieu de se diriger elles-mêmes.

Un sondage a été réalisé sur un très grand nombre d'hommes. Parmi les questions qui leur furent posées, une nous intéresse plus particulièrement : «Pourquoi travaillez-vous ? Pourquoi vous levez-vous tous les matins ?» Dix-neuf personnes sur vingt ne répondirent pas à cette question. Dix-neuf personnes sur vingt ne savent pas pourquoi elles travaillent, pourquoi elles se lèvent tous les jours à la même heure. Pour celles qui répondent, le refrain est le même : «Tout le monde se lève pour aller travailler». Voilà le moteur de leur vie : vouloir faire comme tout le monde. Voilà le drame de leur vie.

Revenons à notre définition du succès, de l'homme qui réussit :

Le seul homme qui réussit est celui qui réalise progressivement un idéal qui vaut la peine.

La personne qui a une claire vision de son avenir et oeuvre précisément pour réaliser cette vision, cette personne est un gagnant et ne peut pas perdre.

Vous voulez des exemples ? En voici !

Un instituteur qui enseigne à l'école parce qu'il désire apporter des connaissances à l'enfant est un gagnant.

Une femme qui s'occupe de sa maison et de ses enfants parce qu'elle désire devenir une épouse et une mère est une gagnante.

L'homme qui s'occupe d'une station d'essence parce qu'il rêvait de s'occuper d'une station d'essence est un gagnant.

Un vendeur qui aspire à devenir un excellent vendeur et voir l'entreprise qui l'emploie prospérer est un gagnant.

Toute personne qui exerce le métier qu'elle désirait précisément exercer est un gagnant.

Or, uniquement une personne sur vingt réussit dans cela. Les autres, elles exercent leur métier «parce qu'il faut travailler» et non parce qu'elles désiraient ce métier. Sans intérêt personnel, point de véritable concurrence. Nous ne devons pas nous soucier de la concurrence, mais bien plus de savoir créer.

Depuis plus de 20 ans, je recherche la clef du devenir des êtres humains. Existe-t-il une clé pour ouvrir la porte de la réussite, même ce n'est pas une réussite totale ? Est-il possible d'assurer la réalisation de son futur dans une large proportion selon ses désirs ?

Existe-t-il une recette garantissant le succès à quiconque la connaît et sait très exactement comment l'appliquer ?

À toutes ces questions, la réponse est : Oui ! Cette clé, cette recette, je l'ai trouvée.

BUTS

Vous êtes-vous jamais demandé pourquoi tant d'hommes travaillent très dur, sont scrupuleux à rester dans la totale honnêteté sans que la réussite soit au rendez-vous, sans qu'ils en retirent de la satisfaction, alors que d'autres travaillent beaucoup moins, versent souvent dans la malhonnêteté et connaissent une totale réussite ? Les dés sont constamment de leur côté. Ils touchent de la poussière et elle devient de l'or. Avez-vous remarqué cette tendance qui veut que le succès entraîne le succès et que l'échec entraîne l'échec ? Pourquoi en est-il ainsi ? Est-ce une fatalité à laquelle le perdant ne peut

par Earl Nightingale

échapper ? Non ! Nulle fatalité, nulle bonne ou mauvaise étoile, simplement le gagnant gagne parce qu'il s'est fixé des buts et le perdant perd parce qu'il ne s'est fixé aucun but. Si vous savez où vous voulez aller, vous y arrivez. Si vous ne savez pas où vous voulez aller, vous errez et n'arrivez nulle part.

Cette situation est comparable à celle de ce bateau qui s'apprête à quitter le port pour une destination connue, selon un itinéraire tracé très précisément. Le capitaine et l'équipage connaissent toutes les escales, la durée pour atteindre chacune d'elles, et savent quand ils atteindront leur destination finale. Le but est posé, il est clair et précis. 9999 fois sur 10 000, le bateau atteindra sa destination. Mais, si vous enlevez le capitaine à ce bateau, ou l'équipage, ou vous gardez l'équipage et le capitaine mais vous enlevez le but, la destination, le bateau se mettra en route et...advienne que pourra ! Vous concédez facilement avec moi que soit le bateau ne réussira même pas à quitter le port soit, s'il y réussit, il terminera son voyage au fond de l'eau, sur un rocher ou sur une quelconque plage déserte. Sans destination et sans quelqu'un pour le guider, ce bateau ne peut arriver nulle part. La réussite de chacun est à l'image de ce bateau.

Prenez par exemple la fonction commerciale. Celui qui entre aujourd'hui dans la fonction commerciale a son avenir presque assuré, pour peu qu'il sache vendre et développer une stratégie bien réfléchie. Les meilleurs commerciaux sont payés des fortunes et pour cause : la vie d'une entreprise dépend totalement de ses ventes. Pour cela, toute entreprise est prête à récompenser largement celui qui peut lui assurer une croissance de ses ventes. Certains de ces commerciaux ont un véritable talent et sont même capables de vous vendre la lune. Ils se comptent cependant sur les doigts de la main.

Quelqu'un a fait remarquer que la race humaine était programmée non pour empêcher le fort de gagner, mais pour empêcher le faible de perdre. Cette singularité est remarquable en temps de guerre, lors du déplacement des convois : les éléments faibles sont protégés, au risque de mettre en péril les autres éléments plus forts. L'économie américaine est aujourd'hui pénalisée par cette même constante, fonctionnant au ralenti afin de protéger ses citoyens les plus faibles, à l'instar des véhicules rapides du convoi forcés de réduire leur vitesse pour permettre aux véhicules plus lents de rester avec le convoi. Elle s'inquiète des plus défavorisés et leur fournit un filet de sécurité suffisant pour permettre à tous, même ceux démunis de toute intelligence et de tout talent, de vivre correctement et de fonder une famille. Cette sécurité est cependant minimale. Certains peuvent s'en suffire mais pour les autres qui aspirent à une meilleure vie, qui visent plus haut, elle est insuffisante.

Si vous le voulez bien, revenons à ce secret le plus étrange au monde que je veux vous révéler. Pourquoi les hommes armés d'un but réussissent-ils dans la vie et que ceux vides de tout but échouent ? La réponse à cette question est fondamentale et, pour celui qui la comprend dans toute sa signification et toutes ses conséquences, elle peut changer radicalement et immédiatement sa vie. Cette vérité est si forte et si éclatante qu'elle éclaircit les avenirs les plus sombres et les cieux les plus couverts. Elle chasse tous les nuages et pose pour toujours le sceau de la bonne chance sur celui qui l'adopte, la fait sienne. Tous vos désirs se réalisent subitement, sans les problèmes, les inquiétudes et les anxiétés qui minaient vos forces jusqu'à présent. Vos doutes et vos craintes appartiennent bel et bien au passé.

Voici cette clef du succès et ... de l'échec :

Nous réalisons ce à quoi nous pensons.

Répétez plus fort :

Nous réalisons ce à quoi nous pensons.

Notre histoire a connu de nombreux sages, enseignants, philosophes et prophètes qui se sont affrontés sur diverses idées, mais jamais sur celle-ci. Tous, sans exception, s'accordent sur l'influence des pensées dans la réalisation de la vie de l'homme.

Marcus Aurelius, grand empereur romain, a dit :

«La vie d'un homme est forgée par ses pensées.»

Disraeli a dit :

«Tout arrive à celui qui sait attendre. Après de longues méditations, je suis arrivé à la conclusion que l'homme qui se fixe un but l'atteint tôt ou tard car rien ne peut résister à une volonté forte qui se bat pour sa réalisation.»

Ralph Waldo Emerson a dit :

«L'homme devient l'objet de la pensée qui accapare son esprit.»

William James a dit :

«La plus grande découverte de ma génération est la capacité des êtres humains à changer leur vie par un simple changement d'esprit.»

et aussi :

«Nous avons uniquement besoin de penser froidement comme si la chose était vraie et elle deviendra inévitablement vraie, de par son intégration de plus en plus forte dans notre vie même. Son intégration à nos habitudes et nos émotions sera si forte qu'elle fera naître en nous ces mêmes intérêts qui caractérisent une opinion.»

Il a également dit :

«Si vous vous préoccupez suffisamment d'un résultat, vous l'atteindrez presque certainement. Si vous désirez devenir riche, vous serez riche. Si vous désirez devenir un érudit, vous serez un érudit. Si vous désirez devenir bon, vous serez bon. Il y a cependant une condition : vous devez vouloir atteindre sincèrement et profondément ce niveau, et ne vouloir atteindre dans le même temps aucun autre niveau avec la même force.»

Le Dr Norman Vincent Peel a dit :

«C'est l'une des plus merveilleuses lois de l'univers. Je l'ai découverte avec passion alors que j'étais très jeune, mais elle n'a vraiment illuminé ma vie que bien plus tard. En dehors de ma relation avec Dieu, elle est l'une de mes plus grandes découvertes, sinon la plus grande. Pour la résumer brièvement et simplement : si vous pensez en termes négatifs, vous obtenez des résultats négatifs ; si vous pensez en termes positifs, vous obtenez des résultats positifs.

Cette constatation est élémentaire, mais elle est à la base d'une loi étonnante gouvernant la prospérité et la réussite. En 3 mots : «Croyez et réussissez.»

William Shakespeare l'a exprimé sous cette tournure :

«Nos doutes sont traîtres car ils introduisent en nous la crainte d'essayer. Faute d'essayer, nous perdons beaucoup.»

par Earl Nightingale

George Bernard Shaw a dit :

«Les gens tempêtent toujours contre les circonstances qui forgent leur réalité. Je ne crois pas aux circonstances. Ceux qui obtiennent beaucoup de ce monde sont ceux qui recherchent activement et farouchement les circonstances qu'ils désirent pour eux-mêmes, et les créent s'ils ne les trouvent pas.»

Toutes ces paroles parlent d'elles-mêmes et ne nécessitent pas d'en ajouter. Chacun qui découvre ce secret et l'ampleur de sa portée — nous réalisons ce à que nous pensons – est si enthousiasmé par le changement qui s'opère dans sa vie qu'il pense, un instant, être le premier à le révéler.

Fort de cette nouvelle base, il devient tout à fait raisonnable d'affirmer que celui qui se fixe un but concret et présentant pour lui un véritable intérêt réalisera nécessairement ce but. Pourquoi ? Parce qu'il y pense constamment, jour et nuit. Or, nous réalisons ce à que nous pensons. L'inverse est cependant tout aussi vrai. Celui qui ne se fixe aucun but ne sait probablement pas où il va. Ne sachant pas où il va, ses pensées ne sont que confusion, inquiétude et crainte. Lui aussi réalisera ses pensées et sa vie deviendra une vie de frustration, de crainte, d'anxiété et d'inquiétude. Puisqu'il ne pensait à rien, il devient ce rien.

VOUS RÉCOLTEZ CE QUE VOUS SEMEZ

Maintenant comment ce principe fondamental fonctionne-t-il ? Pour quelles raisons nos pensées doivent-elles se réaliser ? D'après nos connaissances en la matière, voici ce que nous pouvons dire. Pour que vous compreniez mieux mes propos, je vais les illustrer par une situation, similaire dans sa démarche au fonctionnement de l'esprit humain. Prenez un fermier et un champ dont la terre est si bonne et si fertile que toutes les options de culture sont possibles. Notre fermier peut décider d'y planter tout ce qu'il désire, sans que cela fasse de différence pour la terre. Une restriction

par Earl Nightingale

seulement : il ne peut récolter que ce qu'il
sème. Impossible de récolter des carottes
s'il sème des graines de navet. L'esprit
humain fonctionne de cette manière.
Vous pouvez y mettre tout ce que voulez,
il ne fait pas de différence. Mais de la
même manière que vous ne pouvez
récolter que ce que vous semez, votre
cerveau ne peut réaliser que les pensées
que vous y mettez.

Revenons à votre fermier ! Disposant
de deux graines, l'une de maïs et l'autre
de belladone, une fleur toxique pour
l'homme, il décide de les planter toutes
les deux. Il creuse deux petits trous dans
la terre, y pose une graine dans chacun
d'eux, les recouvre de terre, arrose
régulièrement l'endroit et soigne ses
graines exactement comme il faut. Que
va-t-il se produire ?

Le résultat, il est inscrit dans la Bible :
«Vous récoltez ce que vous semez».

La fonction de la terre est totalement mécanique, non réfléchie. Elle s'active sur la graine pour la faire croître et l'amener au stade inscrit dans ses gènes, sans se préoccuper le moins du monde de l'essence de la graine. Vous y plantez un poison, elle produit du poison ; vous y plantez du maïs, elle produit du maïs. Notre fermier obtiendra finalement un plant de maïs et un plant de belladone, exactement ce qu'il avait planté.

Certes, l'esprit humain est bien plus fertile, incroyable et mystérieux que la terre, mais il s'y apparente dans son fonctionnement. Comme la terre, il accepte tout ce que vous lui donnez : succès, échec, but concret, confusion, malentendu, crainte, inquiétude, etc., mais il produit uniquement à partir de ces matières premières. Vous récoltez ce que vous semez.

Certains pensent que l'être humain a conquis tous les continents. C'est une erreur ! Il est en un, grand, plus riche que nos rêves les plus fous ne peuvent l'imaginer, qui reste encore à défricher : le continent de l'esprit humain. Il est immense et est prêt à toutes les semailles. Si ce trésor est véritablement tel que je le décris, pourquoi les gens ignorent-ils cette bonne fortune à portée de leur main et utilisent si peu leur esprit ? La question se pose effectivement et mérite bien un livre à elle seule.

L'esprit est un équipement standard fourni à tout être humain à sa naissance et, comme tout ce qui est gratuit, il est totalement déprécié. Le monde du libre et du gratuit n'a pas encore gagné ses galons pour être apprécié à sa juste valeur. L'argent règne encore en maître et dicte sa loi : il faut dépenser. La valeur se gagne à coups de billets. Vous pensiez ainsi ? Alors, sachez que tout cela n'est qu'un leurre, qu'une grave et dangereuse tromperie. Comment peut-on penser qu'un caillou qui brille ou un papier vert puisse valoir plus que notre esprit, notre âme, notre corps, nos espoirs, nos rêves, nos ambitions, notre intelligence, l'amour pour notre femme et nos enfants, et la compagnie de nos amis ! Eux seuls sont la vraie richesse. La preuve ? Regardez combien il est difficile, voire impossible, de les remplacer. Vous perdez une montre en or, il vous suffit de vous rendre chez votre horloger pour la remplacer. Vous perdez vos espoirs, c'est la descente en enfer.

Un homme qui fait faillite peut retrouver la fortune, même plusieurs fois. Sa maison brûle, il la reconstruit. Son cerveau flanche, il n'est plus qu'une épave.

L'esprit humain est largement sous-utilisé parce que nous n'avons pas conscience de sa valeur.

La familiarité engendre le mépris. Nous assignons notre esprit à de petites tâches insignifiantes alors qu'il est capable de se mesurer à des défis bien plus redoutables. Les scientifiques ont montré que nous n'utilisons notre cerveau qu'à 10 % de ses capacités.

En fixant un but dans votre esprit, vous donnez une orientation à votre vie et vous préparez tout votre avenir. Ne prenez pas cette décision à la légère, car elle est essentielle. Votre vie en dépend.

Voulez-vous devenir un commercial exceptionnel ou un ouvrier qui excelle dans son travail ? Voulez-vous monter dans la hiérarchie au sein de votre entreprise ou de votre communauté ? À toutes ces questions une même réponse : plantez la bonne graine dans votre esprit, soignez-la et mettez toute votre énergie pour atteindre votre but. Alors, ce but deviendra réalité et non parce que telle est votre volonté, mais parce qu'il ne peut en être autrement.

Mon secret a force de loi, au même titre exactement que les lois de la gravitation de monsieur Isaac Newton. Si vous ne doutez pas qu'une personne qui saute dans le vide depuis le dernier étage d'un immeuble s'écrasera inévitablement au sol, en vertu du principe de la gravitation qu'un corps descend et ne monte pas, vous ne pouvez pas douter qu'une personne qui se fixe un but et s'y emploie de toutes ses forces l'atteindra. Les lois de la nature fonctionnent toujours car elles sont immuables.

Pensez à votre but d'une manière détendue et positive. Imaginez-vous que vous l'avez déjà réalisé. Imaginez-vous ce que sera votre vie lorsque vous aurez atteint votre but.

Nous vivons à l'âge du phénobarbital, des ulcères et des dépressions nerveuses. Alors que la recherche médicale a considérablement relevé le niveau de la santé et de la longévité dans le monde, un trop grand nombre rabaisse ce niveau en voulant faire face à leurs soucis de leur propre petite manière, sans tenir compte des quelques grandes lois qui pourraient tout résoudre.

Ces drames, nous en sommes les responsables directs car nous abritons les pensées qui les provoquent. Nous sommes le reflet de nos pensées, nous sommes ce que nous sommes puisque c'est exactement là où nous voulions être. Certains ne veulent pas admettre cette vérité, mais il n'en demeure pas moins que c'est la vérité.

Chacun mange uniquement les fruits de ses pensées, son futur n'est que la réalisation de ses pensées d'aujourd'hui, de demain, du mois prochain, de l'année prochaine. Notre vie est constamment guidée par notre esprit.

Alors que je traversais l'Arizona en voiture, je vis l'un de ces véhicules monstrueux utilisés dans la construction, se traînant à quelque 50 kilomètres à l'heure sous la charge de quelque 20 tonnes de saleté. Un véhicule énorme et incroyable. Tout en haut, un homme petit de taille, les mains posées sur le volant, guidait et contrôlait le monstre. Cette image m'a frappé tant elle caractérisait l'esprit humain.

Supposez un instant que c'est vous qui conduisez ce monstre de puissance. Vous êtes seul maître à bord et libre à vous de croiser les bras et laisser la bête aller s'enfoncer dans le premier fossé venu, ou vous agripper fermement au volant pour la mener à bon port et l'utiliser pour le but que vous vous êtes fixé. La machine fera très exactement ce que vous lui direz. Cette loi du succès est une épée à double tranchant totalement contrôlée par nos pensées. D'un côté, elle vous procure succès, richesse, bonheur et tout ce que vous avez jamais rêvé pour vous et votre famille. D'un autre côté, elle vous enfonce dans les échecs, la pauvreté, le malheur et toutes les difficultés qu'on ne souhaite à personne. À vous seul de décider quel tranchant de l'épée vous voulez utiliser : le bon ou le mauvais.

**NOUS DEVENONS CE À QUOI
NOUS PENSONS**

C'est le secret le plus étrange au monde.

Pourquoi est-il étrange et pourquoi est-il un secret ? En fait, ce n'est pas du tout un secret puisqu'il était déjà connu des premiers sages et apparaît à plusieurs reprises dans la Bible. Il a été cependant si peu appris et si peu compris qu'il mérite son nom de secret et son qualificatif d'étrange.

Je ne crois pas me tromper en affirmant que si vous vous rendez dans la principale artère de votre ville et demandez à chacun que vous rencontrez quel est le secret du succès, tout au plus une personne dans tout un mois vous répondra mon secret.

Ce secret n'a cependant de valeur que pour celui qui le comprend et l'applique. À partir de ce moment, sa vie change radicalement, et avec elle la vie de tous ceux qui l'entourent, sa famille, ses employés, ses associés et ses amis.

La vie doit être vécue comme une aventure passionnante et non comme un fardeau qui vous gêne tant que vous ne demandez qu'à en débarrasser.

Nous devons oeuvrer pour qu'elle soit une source de joie et non une source d'ennui. Nous devons être contents de sortir du lit le matin, contents de nous rendre au travail et non rechigner à l'un et à l'autre. Lors de l'un de ses discours, George Patterson (rédacteur en chef du quotidien Toledo Daily Blade) a conclu dans ces mots que je n'ai jamais oubliés :

«Toutes ces années dans le journalisme m'ont convaincu de plusieurs choses : un que les gens sont fondamentalement bons ; deux que nous venons de quelque part et nous nous dirigeons vers quelque part. À nous de vivre au mieux ce passage. L'architecte de l'univers n'a pas construit un escalier ne menant nulle part.»

PROGRAMME DE 30 JOURS POUR TESTER LE SECRET LE PLUS ÉTRANGE

Comme je ne doute pas que nombre d'entre vous doutent de mes belles paroles, je vous propose de les vérifier par vous-même, de toucher de vos doigts les énormes bénéfices que vous pouvez en retirer. Le test dure 30 jours et, je le concède, est loin d'être facile. Mais si vous persévérez et le menez très exactement comme je vous le demande, sans chercher à tricher dans quoi que ce soit, il changera complètement votre vie, pour le meilleur.

Au 17ième siècle, Sir Isaac Newton, mathématicien et philosophe anglais, nous transmit des lois de la physique s'appliquant autant aux êtres humains qu'au mouvement des corps dans l'univers. L'une d'elles nous apprend que chaque force engendre une force égale, mais opposée. Transposée dans notre vie quotidienne, elle devient : chaque chose se paie le juste prix.

Le résultat de ce test sur 30 jours sera très exactement proportionnel à l'effort que vous y consentirez pour le réussir. Vous voulez être docteur ? Vous devez y consacrer de longues années d'étude difficile. Vous voulez réussir à vendre ? Attention ! Ne pensez pas que ce talent n'est nécessaire qu'à celui qui désire vendre des radiateurs ou des parapluies ! Nous y faisons constamment appel, que ce soit pour convaincre notre famille de nos idées, convaincre l'école de nos enfants de notre système éducatif, convaincre nos enfants d'être honnête dans la vie, convaincre nos employés de donner davantage d'eux-mêmes, car convaincre c'est vendre. Changer sa vie pour une vie meilleure se paie également. Quel en est le prix ?

D'abord, vous devez comprendre et être convaincu, au plus profond de vos sens et de votre intellect, que celui qui contrôle ses pensées contrôle sa vie. Vous devez être totalement convaincu que : «on ne récolte que ce que l'on sème.»

Ensuite, vous devez enlever toutes les entraves qui empêchent votre l'esprit de s'élever, d'exprimer toute sa puissance, conformément au plan divin qui en a voulu ainsi. Vous devez prendre conscience que vos limitations n'existent qu'en vous alors que les opportunités de réussir sont en fait tellement nombreuses qu'il est difficile d'y croire. Vous devez vous libérer des chaînes de la mesquinerie et des préjugés.

Ceci fait, vous devez vous efforcer d'aborder tous vos problèmes sous un aspect positif. Fixez-vous un objectif et laissez votre merveilleux esprit y penser sous tous les angles possibles. Laissez votre imagination spéculer librement sur les solutions possibles. Refusez de croire qu'il puisse avoir des circonstances suffisamment fortes pour s'opposer à l'accomplissement de votre but. Dès que le chemin est clairement tracé dans votre esprit, agissez promptement et résolument. Imaginez-vous alors que vous vous trouvez au milieu de votre propre mine de diamants, comme Russell H. Conwell l'a suggéré.

Ces points établis, mettez de côté au moins 10 % de votre salaire et sachez que, quel que soit votre emploi actuel, toutes les portes de la réussite vous sont ouvertes, si seulement vous acceptez d'en payer le juste prix.

Récapitulons tous les points importants que nous venons de voir, ces points qui sont le prix à payer pour réaliser cette vie merveilleuse qui attend chacun de nous. Le cadeau est si beau qu'il mérite largement ce prix.

Un : nous devenons ce à quoi nous pensons.

Deux : donner libre cours à notre imagination pour permettre à l'esprit de dépasser ses limites.

Trois : s'armer de courage pour se concentrer uniquement sur le but fixé, chaque jour.

Quatre : économiser 10 % de notre salaire. Les idées n'ont de valeur que si elles sont concrétisées par des actions.

Vous allons maintenant voir plus en détail ce programme de test sur 30 jours. Peut-être que vous ne le réussirez pas la première fois, mais vous n'avez strictement rien à perdre à l'essayer. Au contraire, vous allez très certainement y gagner.

Bien que chaque individu soit unique, nous pouvons affirmer sans nous tromper que tous les individus aspirent à quelque chose et redoute quelque chose. Pour commencer, écrivez la chose que vous convoitez le plus. Ce peut être l'argent, soit que vous vouliez doubler vos revenus soit que vous vouliez obtenir un gain spécifique, ce peut être une belle maison, la réussite professionnelle, un titre honorifique, l'harmonie au sein de la famille ou tout autre désir. Toute personne équilibrée désire quelque chose plus particulièrement et c'est cette chose que je vous demande maintenant d'écrire. Ce doit être un but simple et clairement défini. Nul besoin de montrer le papier à qui que ce soit, mais vous devez l'avoir constamment avec vous pour pouvoir le regarder plusieurs fois par jour.

Pensez-y dès que vous vous réveillez, d'une manière gaie, détendue et positive. Vous avez ainsi déjà un travail à faire pour la journée et ne serez pas tenté de paresser au lit. Plus, vous vous donnez une raison de vivre. À chaque pause dans la journée, à chaque instant de libre, prenez votre bout de papier et lisez-y le but que vous vous êtes fixé. Faites de même le soir, juste avant de vous endormir. À chaque fois, rappelez-vous que vous DEVEZ absolument atteindre ce but. Jour après jour, vous réaliserez alors que vous vous rapprochez effectivement de ce but. En fait, le moment même où vous l'avez écrit et avez commencé à y penser, déjà vous aviez atteint votre but.

À chacun de vos pas, regardez la richesse et l'abondance qui vous entourent et dites-vous que vous y avez droit, au même titre que toute autre créature vivante. Tout peut être à vous, si seulement vous le demandez.

Abordons maintenant la partie la plus difficile car requérant l'adoption de ce qui est probablement une nouvelle habitude. Or, nous le savons bien, prendre de nouvelles habitudes requiert beaucoup d'énergie et du temps, tant les obstacles sont importants. Cependant, une fois que cette habitude est formée et bien ancrée en vous, elle vous accompagnera pour le reste de votre vie.

Cessez de penser à ce qui suscite la crainte et la peur en vous. Pour cela, soyez à l'écoute de vous-même. Dès qu'une pensée ombrageuse ou négative s'insinue dans votre conscience, remplacez-la au plus vite par une image mentale positive et agréable de votre but. Au début, vous ne réussirez probablement pas à amener cette image positive et resterez submergé par vos images négatives. Ne désespérez pas. Cette difficulté n'est pas expressément vôtre. L'homme a été ainsi créé que naturellement il est plus enclin à penser négativement que positivement. C'est pourquoi seulement 5% réussissent.

À vous, et vous seul, de faire partie de ces quelques privilégiés. Vous avez 30 jours pour apprendre à être le maître de vos pensées, à être capable de rejeter toute pensée étrangère pour ne laisser entrer que les pensées que vous désirez. Si vous le pouvez, essayez de viser plus haut même. Ne vous suffisez pas de cette humeur gaie et de cette appréciation positive, donnez le maximum de vous-même pendant ces 30 jours. Dépensez-vous sans compter, fort de la conviction que plus vous donnez plus vous recevez.

À la seconde même où vous vous fixez un but, déjà vous avez gagné la partie. Vous appartenez déjà à cette petite catégorie de privilégiés qui savent où ils se dirigent dans la vie. Sur cent personnes, vous vous situez parmi les cinq premiers.

Ne vous préoccupez pas exagérément sur la manière d'atteindre votre but. Laissez ce souci à une puissance bien supérieure à la vôtre. Employez-vous uniquement à avoir une claire et précise idée de votre but et les réponses vous arriveront en temps et en lieu voulus.

Rappelez-vous ces mots.

Mettez-les constamment devant vos yeux pendant ce mois de test :

«Demandez et vous recevrez.
Recherchez et vous trouverez.
Frappez à la porte et elle s'ouvrira.
Celui qui demande reçoit ;
Celui qui cherche, trouve ;
Celui qui frappe à la porte la verra
s'ouvrir.»

Voilà, c'est aussi simple et merveilleux que cela. C'est même si simple que pour nous qui vivons dans un monde apparemment compliqué, nous ne pouvons pas admettre que la réussite puisse se ramener uniquement à la définition d'un but et la foi dans sa réalisation. Vous avez 30 jours pour vous prouver le contraire.

Vous vendez ? Mettez-y toute votre ardeur, mais sans agitation ni précipitation incontrôlées. Votre action doit être calme, confortée par la joie de celui qui sait que le temps bien employé lui procurera avec abondance ce qu'il attend et désire. Si vous êtes une femme au foyer, consacrez ces 30 jours à votre maison et à votre famille sans penser recevoir quoi que ce soit en retour. Vous serez stupéfié de voir comment votre vie s'améliorera.

Quel que soit votre travail, exécutez-le comme jamais vous ne l'avez fait jusqu'à présent. Si, pendant ce même temps, vous gardez constamment en tête votre but ou le lisez sur la note que vous avez écrite, vous verrez votre vie changer de jour en jour, à votre grand étonnement et émerveillement.

Dorothy Abrams, rédactrice et auteur de renom, a expérimenté ce secret pour elle-même et raconte son expérience à la fin de son livre «Wake up and live» (Réveille-toi et vis». Toute sa philosophie se résume à ces quelques mots : «Oeuvre dans la totale conviction que tu ne peux échouer». Pour avoir mis en application sa philosophie avec sincérité et foi, Dorothy Abrams va maintenant de succès en succès.

Si vous voulez réussir votre test sur 30 jours, surtout ne commencez pas sur un coup de tête, mais uniquement après une décision mûrie et réfléchie pour ne pas abandonner au premier obstacle, à la première déconvenue. La persistance est exigée et point de persistance sans foi. Pour continuer une action qui n'apporte pas immédiatement les résultats escomptés, la foi dans la réussite finale est indispensable.

Si vous échouez pendant ces 30 jours, et j'entends par là que vous réalisez soudainement que vous êtes accablé de pensées négatives, remettez les compteurs à zéro et recommencez. Effacez ces mauvaises idées, attendez que les pensées positives reviennent à votre esprit et à partir de là commencez une nouvelle période de 30 jours. Un nouveau comportement ne peut pas prendre la force d'une habitude en un ou quelques jours. Persévérez jusqu'à terminer une période de 30 jours sans faute et gagnez votre place au sein de cette merveilleuse minorité pour qui pratiquement rien n'est impossible.

N'oubliez pas votre note de rappel, elle est essentielle à la réussite de vos 30 jours de test. D'un côté, écrivez votre but, quel qu'il puisse être. De l'autre côté, écrivez ces mots : «Demandez et vous recevrez. Cherchez et vous trouverez. Frappez et la porte s'ouvrira.»

Profitez de vos moments de libre pour

lire des livres susceptibles de vous aider, de vous encourager, par exemple la Bible, «Magie de la croyance» par Claude M. Bristol, «Le pouvoir de la persuasion» de Napoleon Hill et bien d'autres encore. Toutes les grandes oeuvres requièrent une inspiration. Aussi, pour réaliser la vôtre, en l'occurrence réussir vos 30 jours de test, utilisez tous les moyens pour maintenir votre inspiration à un niveau maximal.

Un point essentiel : ne vous laissez pas envahir par l'inquiétude car l'inquiétude engendre la crainte et la crainte handicape. Or, au début, le danger est grand que vous vous inquiétez devant tout ce que vous avez à accomplir. Le remède est simple, pensez et voyez uniquement votre but. Les détails de sa réalisation se présenteront d'eux-mêmes à vous.

Employez-vous également à toujours rester calme et gai. Faites fi des petits

par Earl Nightingale

riens ! Ne les laissez pas tout gâcher, ne les laissez pas vous détourner de votre chemin.

Face à la difficulté de réussir ces 30 jours de test, certains en viendront à désespérer pour finalement se résoudre. «À quoi bon tous ces tracas !» diront-ils. Ces personnes doivent réaliser qu'elles n'ont pas d'alternative. C'est cela ou l'échec. Préférez-vous rester un individu médiocre ? Préférez-vous vivre dans les soucis, la crainte et la frustration ? N'oubliez pas que vous récoltez ce que vous semez. Si vous semez des pensées négatives, vous récoltez la négativité. Si vous semez des pensées positives, vous récoltez la gaité, la réussite et la positivité.

Maintenant, le temps passant, vous allez probablement oublier tout ce que vous venez d'entendre. Pour garder ce souvenir bien vivant, relisez plusieurs fois ce livre. Pensez sans cesse à ce que vous devez faire pour que cela devienne une véritable habitude. Réunissez régulièrement votre famille pour, tous ensemble, lire mon propos.

La plupart des hommes affirment haut et fort vouloir «faire de l'argent». Les seuls qui «font de l'argent» sont ceux qui travaillent à l'Hôtel des monnaies ! Les autres ne peuvent que «gagner de l'argent». Cette différence échappe à beaucoup, d'où leur échec. Ils ne recherchent rien, n'offrent rien. Cela n'est pas, et ne sera jamais, la bonne manière pour gagner de l'argent. Nulle autre alternative que celle de fournir des services ou des produits nécessaires et utiles. En échange de ces produits et services, d'autres donnent de leur argent. La simple loi mathématique nous apprend alors que l'importance de ce retour financier est directement proportionnelle à l'importance des services.

Le succès n'est pas le résultat mais la cause d'un afflux d'argent et il est directement proportionnel à notre service. La plupart des personnes pensent exactement l'inverse, que seul celui qui a déjà gagné beaucoup d'argent peut clamer : J'ai réussi ! Qu'elles réfléchissent et constatent leur erreur ! L'argent découle forcément du succès et non le succès de l'argent.

Revenez à l'époque du chauffage au bois et supposez qu'un l'homme s'assoit devant son chauffage et lui dise : Chauffe et uniquement ensuite je t'ajoute du bois». Stupide n'est-ce pas ! Mais savez-vous combien d'hommes et de femmes agissent exactement à l'instar de ce sot pour leur propre vie ? Des millions !

De la même manière que nous devons mettre de l'essence si nous voulons que la voiture avance, nous devons fournir d'abord un service et uniquement ensuite pouvons-nous espérer une entrée d'argent. Notre souci premier ne doit pas être l'argent mais le service. Occupez-vous seulement à construire, travailler, rêver et créer. La prospérité et l'abondance viendront d'elles-mêmes, en leur temps.

La prospérité est fondée sur la loi de l'échange mutuel stipulant que toute personne qui contribue à la prospérité connaît, à son tour, la prospérité. Celle-ci proviendra soit des bénéficiaires directs de son service, soit d'autres personnes, mais forcément elle lui arrivera. Chaque action génère une action égale et opposée.

Pendant votre période de 30 jours, rappelez-vous que votre succès dépend directement de la qualité et de la quantité de votre service. Comment les mesurer ? Par la quantité d'argent que vous recevez en contrepartie. Personne ne peut devenir riche sans enrichir d'autres.

Une loi ne souffre d'aucune exception. Pensez à tous les métiers que vous trouvez dans une ville et essayez d'évaluer la quantité de service de chacun. Exercice très intéressant n'est-ce pas ? Certains évoluent dans le domaine spirituel, tels les ministres, les religieux et autres personnes qui dévouent envers les autres, et elles aussi reçoivent en proportion de leur service.

Si vous avez compris cette loi, vous pouvez aisément fixer votre propre fortune : vous voulez davantage, offrez davantage ; vous voulez moins, offrez moins. C'est le prix que vous devez payer pour obtenir ce que vous voulez.

Si vous pensez pouvoir vous enrichir en trompant d'autres, vous allez rapidement déchanter. Vous récoltez ce que vous semez, comme vous respirez ce que vous avez expulsé. Ne faites jamais l'erreur de penser qu'il puisse en être autrement.

C'est impossible ! Les prisons et les rues désertées sont remplies de ces personnes qui ont voulu vivre d'après leurs propres lois, sur la seule base de leurs intérêts. Nous pouvons éviter les lois de l'homme, nous ne pouvons pas éviter les lois qui sont supérieures à l'homme.

Un éminent docteur a récemment établi une liste en six points particulièrement utile pour trouver le succès :

1.   Se fixer un but clairement défini.

2.   Cesser de se diminuer.

3.   Cesser de penser aux raisons pour lesquelles vous ne pouvez pas réussir et penser aux raisons vous permettant d'espérer le succès.

4.   Si vous pensez ne pas pouvoir réussir, essayer de vous rappeler quand et comment avez-vous eu cette première pensée.

5.   Changer l'image que vous avez de vous-même en écrivant dans le détail la personne que vous voudriez être.

6.   Agir à la mesure de la personne accomplie que vous avez décidé de devenir.

L'auteur de cette liste est un éminent docteur en psychiatrie, David Harold Fink. Écoutez sa voix et écoutez la voix de tous les experts qui n'ont cessé de répéter, aussi loin que possédons de trace dans l'histoire : pour devenir la personne que vous rêvez de devenir, vous devez payer le prix.

Somme toute, atteindre le succès n'est pas plus difficile que vivre dans l'échec. Terminez vos 30 jours de test, recommencez-les une seconde fois, une troisième fois, jusqu'à ancrer en vous vos nouvelles habitudes et les vivre intensément. La vérité vous apparaîtra au grand jour et vous ne voudrez plus vous en séparer. Vivez profondément votre nouvelle vie et voyez comment les portes de l'abondance s'ouvrent largement devant vous, déversant sur vous un flot de richesses que vous n'avez jamais espérées

De l'argent, vous en gagnerez en quantité. Mais bien plus, vous gagnerez en paix intérieure, vous appartiendrez à cette minorité privilégiée entre tous de pouvoir vivre dans la sérénité, la gaîté et la réussite. Commencez dès aujourd'hui ce changement merveilleux. Perdre ? Vous n'avez rien à perdre. Gagner ? Vous avez toute une vie à gagner.

Nous espérons que vous trouverez la force d'appliquer tous les principes que vous avons ramenés dans ces lignes. Ne manquez alors pas de nous écrire pour nous faire savoir les changements intervenus dans votre vie.

Édition BN
Amélioration de la vie humaine

www.ingramcontent.com/pod-product-compliance
Lightning Source LLC
Chambersburg PA
CBHW031450070426
42452CB00037B/418